Lk 2654.

# EXTRAIT

De l'acte de délibération de la Paroisse d'Extrablin & de celle de Jumens son annexe,
contre la Requête à la Cour du Chapitre
noble & royal de Saint-Pierre & Saint-
Chef, Décimateur.

---

Du 9 Août 1789, au devant de la porte de l'église d'Extrablin, à l'issue de la Messe paroissiale, pardevant nous Joseph Ronjat, Marguillier en charge de la présente année, écrivant Antoine Anestaye, Maître Écrivain reçu en l'Hôtel-de-Ville de Vienne, duement assermenté Greffier pris & nommé d'office, la plus grande majorité des notables habitans assemblés, ainsi que le dimanche précédent aux formes ordinaires, pour nommer un procureur des pauvres à la place de défunt François Rousset, n'ont pu sans émotion & la plus grande surprise prendre lecture de la requête (1) présentée à la Cour, le premier Juillet dernier, par le Chapitre noble & royal de Saint-Pierre & Saint-Chef, décimateur du lieu, affichée au pilier de l'église avec l'arrêt de ladite Cour au bas, portant sous des peines comminatoires enjonction aux ha-

---

(1) *Voyez la Requête à la fin.*   A

bitans de payer la dîme comme par le passé sur la récolte présente. Peut-il être plus fâcheux à d'honnêtes habitans, après avoir porté au plus haut degré l'amour de la paix envers le Chapitre, que de se voir inculpés par lui de trouble & de soulévement sans y avoir donné lieu ? L'accusation doit paroître d'autant plus grave & plus odieuse qu'elle est plus notoire dans toute la Province, & que les circonstances qui agitent le repos public sont plus affligeantes. Il leur sera donc non-seulement permis, mais même le caractere de bon citoyen leur fait un devoir indispensable de se laver de cette note calomnieuse.

Le Chapitre dans sa requête porté au sein de la justice ses alarmes & ses plaintes, disant qu'il est menacé de toutes parts; l'on croiroit à l'entendre, qu'il en a les plus fortes preuves contre lesdits habitans, tandis qu'il n'en a pas l'apparence. Seroit-ce contre le Corps entier ? Ce Corps n'a tenu aucune Assemblée, n'a fait aucune députation, n'a signifié d'aucune maniere audit Chapitre ni menaces ni refus. Le Corps des paroissiens est donc exempt de tous blâmes & innocent. Les particuliers ne le sont pas moins. Parmi eux il ne s'est formé aucun parti aucun complot contre le Chapitre. Pas un seul desdits habitans ne s'est avisé de lui faire des menaces, encore moins de faire acte de refus de payer à ses fermiers dans la levée de la dîme. Comment ledit noble Chapitre a-t-il pu s'assurer qu'il étoit menacé de la part d'habitans aussi pacifiques du refus de payer la dîme ?

Sa requête énonce une pure calomnie enfantée par les fausses alarmes de sa conscience qui ne sauroit justifier son titre prétendu & qui craint de voir la lumiere du jour dissiper les nuages qui tenoient son antique perception à l'abri, & ses droits enfin soumis à l'examen de la vérité & au discernement des vrais principes de justice.

Supposons pour un moment puisqu'il plaît au Chapitre l'existence & la preuve du fait; il auroit encore tort d'avoir porté ses plaintes n'étant pas partie lésée. Il n'appartient qu'à la partie publique de se croire offensée; puisque le Chapitre n'a aucun droit légitime quoiqu'il en affirme dans sa requête. Il ne sauroit d'abord invoquer aucun titre positif. Jamais il n'est intervenu aucune stipulation. La question se réduit donc à demander qu'est-ce que sa possession immémoriale? C'est un usage antique de percevoir une quote-part des fruits de nos labours. Cet usage ne repose que sur cette maxime divine, *l'ouvrier est digne de son salaire*. C'est un axiome moral reconnu de tout le genre humain, mais plus particuliérement consacré au bon ordre de la Religion. L'unique titre ou raison de droit de l'ouvrier est son travail comme le salaire en est le juste prix. L'un oblige à l'autre, en sorte que l'ouvrier qui veut son salaire s'oblige de parfaire le travail, sans quoi il n'a plus ni titre ni raison de l'exiger. Si le Chapitre prétend obliger les habitans à lui payer une redevance annuelle c'est à lui à justifier de son travail utile. Sans quoi lesdits habitans ne sont nullement ses obligés, & le Chapitre est sans titre & sans raison, par conséquent sans droit légitime, & sa possession n'est plus qu'une usurpation tolérée.

Le Chapitre objectera-t-il sa qualité de Ministre de la Religion? Elle ne le rend que plus blâmable de ne pas en remplir les devoirs. Est-ce le nom & le caractere qui fait le titre & la raison de droit du Ministre, ou les œuvres de son ministere & les services spirituels qu'il rend à ses redevanciers temporels? La Justice & la Religion vous disent, remplissez les devoirs de votre ministere, rendez-vous utiles aux paroissiens qui vous stipendient. Vous êtes oisifs pendant que le besoin d'ouvrier est urgent & que vous mangez le pain des travailleurs! Servez l'Autel dont vous détenez le riche patrimoine, soyez les ministres de ces pauvres laboureurs qui se morfondent toute l'année pour vous. Donnez-leur les alimens de la vie spirituelle pendant qu'ils vous donnent abondamment ceux de la vie temporelle. Votre droit deviendra juste & votre possession légitime.

Croyez-vous de bonne foi que votre priere au chœur isolée des œuvres du ministere, est d'un grand prix aux yeux de la Religion. Détrompez-vous. Le culte divin est esprit & vérité. Par conséquent la priere publique du ministre n'est qu'une préparation nécessaire à produire des fruits de justice & de charité. C'est la fin de la loi & du ministere. Qu'est-ce que la priere sans les œuvres? Un son qui se dissipe dans les airs. La langue n'est que l'interprete de l'esprit & du cœur. Quels sont les deux mouvemens qui es approchent de Dieu, si ce n'est la connoisfance & l'amour de ce fouverain bien. Ces deux reſſorts de l'ame ſe manifeſtent par des œuvres ſi le Chapitre exerce ſi ſouvent ces deux reſſorts dans ſa priere la connoiſſance & l'amour du ſouverain bien; quel dommage qu'il ne le manifeſte pas par des œuvres utiles aux habitans! qui ont droit de venir les premiers en partage des fruits de juſtice & de charité que doit produire le Chapitre; comme le Chapitre vient le premier en partage des fruits de leur moiſſon. Nous conſentons que le Chapitre en ſoit lui-même le juge. Sa priere juſtifie-t-elle par ſes œuvres de ſon utilité? Les habitans n'ont-ils pas lieu de le regarder comme le ſerviteur inutile? Quelle doit être la force & la valeur de ſon titre? Sa réponſe fera la nôtre ſur la légitimité de ſa poſſeſſion; ce n'eſt pas le tout d'avoir l'uſage, il faut en avoir la bonne raiſon qui ſeule en fait le titre & le droit, & la Religion ne l'approuve cette raiſon qu'autant qu'elle deſcend d'un principe de vérité & de juſtice.

Si le préjugé & l'intérêt aveuglent encore le Chapitre, portons lui le flambeau plus près. Remontons à la ſource, la volonté ſuprême du Créateur eſt la loi ſouveraine la mere de toutes les loix. Sa ſanction eſt inviolable & éternelle. Elle a conſtitué la nature de chaque choſe; l'ordre de ſes mouvemens, ſa fin & les moyens propres pour y parvenir, elle a fait chaque homme propriétaire des biens de ſa création de ſa perſonne, de ſes facultés, de ſa vie & des moyens de la conſerver; delà naît l'ordre de tous les droits & devoirs. Delà la diſtinction du juſte de l'injuſte, du bien du mal. Cette conſtitution eſt uniforme, univerſelle & immuable, dont la violation eſt infailliblement ſuivie de ſa peine; le droit de propriété qu'elle donne aux habitans, eſt le même que celui du Chapitre. Si le Chapitre empiéte ſur celui des habitans, il devient prévaricateur de la conſtitution ſuprême. N'eſt-ce pas là prévariquer dans le fait que d'exiger annuellement deſdits habitans la meilleure part de leurs moyens & de leurs droits de propriété? Le Chapitre ne peut donc ſe juſtifier que par une juſte compenſation dans l'ordre ſocial.

Cet ordre eſt une ceſſion réciproque de tous les propriétaires créatifs expreſſe ou tacite pour accorder la jouiſſance de leurs droits & ſe rendre à chacun des ſervices mutuels. C'eſt un commerce de beſoins mutuels dont la balance eſt celle-ci, (*fais comme tu veux qu'il te ſoit fait*). Le Chapitre peſe-t-il ſes droits & ſes devoirs dans cette balance? Rend-il par ſes ſervices à ſes bienfaiteurs ce qu'il en reçoit? Leur fait-il comme ils lui font annuellement? Leur donne-t-il la vie ſpirituelle pour la vie temporelle? Il reſte au Chapitre de le juſtifier par ſes œuvres.

Le Chapitre ne peut plus receler l'injuſtice de ſa poſſeſſion. La lumiere de ces grands principes met au grand jour ſa honte & ſa nudité. Le crédit & l'autorité humaine ne peuvent rien contre la vérité. La loi même n'eſt rien ſans elle; quel ſera ſon refuge dans cette confuſion?

La loi civile ? Mais elle exige la bonne foi & l'équité dans la convention. Elle commande aux parties la fidélité à leurs engagemens, au lieu que le Chapitre a déguerpi la culture de l'héritage contre la foi de son bail sans désemparer la perception des fruits qu'une autre main a cultivés. La prescription ? Mais son titre l'empêche. Il prouve contre le Chapitre même la cause & le droit des paroissiens. Au reste la cause publique, celle de la Religion & des bonnes mœurs sont imprescriptibles. La prétention du contraire seroit un blasphême.

La possession immémoriale du Chapitre offense à la fois la Religion, le droit naturel, social & civil. C'est un monstre étrange d'usurpation enfantée par l'abus de la Religion, du crédit & de l'autorité. Il ne lui reste pour réparer son honneur dans l'opinion publique, que de confesser l'abus & l'injustice de son titre, & de le légitimer en se rendant des membres utiles. L'exemple du chef est impératif. Dans sa vie privée modele de la vie canonique, il ne vécut jusqu'à l'âge de 30 ans que du travail de ses mains. Ce ne fut que dans l'exercice des fonctions de son ministere public qu'il accepta des bons Israélites les besoins de la vie temporelle comme une juste redevance des biens de la vie spirituelle qu'il leur donnoit. Les habitans même convaincus d'un refus formel, n'auroient fait que conserver leur droit sans léser celui du Chapitre. Ils ne seroient responsables qu'à la partie publique d'avoir interverti l'ordre public. Le Chapitre auroit dû mieux s'aviser avant de

A 3

porter des plaintes qui sement la calomnie & le vice oppreffif de l'ufurpation.

Les habitans offenfés font d'autant plus dignes de louange que le Chapitre les a pouffés plus violemment par fes manœuvres à enfreindre par défefpoir toutes les regles de fubordination. Le Chapitre feroit l'auteur même de leur infubordination. En effet, il les fait mourir fans facremens, les ruine en procès pour s'oppofer au rétabliffement de leur Vicaire fuccurfal, abbat leur églife fuccurfale de Saint-Martin de Jumeus, les opprime dans les affemblées; de façon que les frais & le délabrement des réparations urgentes retombent à leur charge. S'il répare l'églife paroiffiale une fois par fiecle, ce n'eft pas fans procès & de longues pourfuites malgré l'urgente néceffité. Toute voie de juftice bouchée par le Chapitre aux habitans, il ne leur reftoit que le feul parti de repouffer fon oppreffion par un refus mérité quoiqu'illégal ? Les habitans ont refpecté le repos public, fe font abftenus de toute voie de fait. Leur modération mérite tous les éloges & le Chapitre toute forte de blâme.

Eft-ce ainfi que le Chapitre acquitte exactement fes obligations comme il fe louange dans fa requête? Eft-ce ainfi qu'il prêche aux habitans la fubordination pendant qu'il l'outrage de toute maniere? L'accufation au lieu de tourner contre les habitans tourne au dam du Chapitre.

Après cela il eft étonnant d'entendre dire le Chapitre dans fa requête, ce font là des droits facrés & le jufte patrimoine des Autels. Eft-ce les habitans qui ont violé les droits sacrés du Chapitre, ou bien le Chapitre ceux des habitans sous l'abus du nom sacré de Religion ? Ce juste patrimoine est-il celui du Chapitre ou celui des Ministres de l'Autel paroissial, qui administrent aux paroissiens les alimens de la vie spirituelle ? Le Chapitre se fait un jeu de confondre les termes aussi bien que les principes parce qu'il ne peut rien gagner que dans la confusion.

Les habitans sont mieux fondés que le Chapitre de dire, il est instant d'arrêter le mal dans sa source, non le mal qu'ils n'ont pas commis, mais celui qu'a commis le Chapitre. Rien n'est plus pernicieux à la Religion & au bien public que les abus & les forfaits du Chapitre dont les habitans ne peuvent plus supporter le poids.

Premier abus, le dépouillement de leur église paroissiale, son patrimoine produit au Chapitre décimateur 6000 liv. de rente, savoir la mere 3000 liv. sa filleule Saint-Martin de Jumens autant. Malgré cela ses bâtimens ses meubles représentent la misere & l'indigence, pendant que la Collégiale étale l'or & le cramoisi. Un Dieu juste se plaît-il de dépouiller l'Eglise de cette paroisse pour enrichir celle du Chapitre ! de laisser l'une dans le mépris pour entretenir le faste de l'autre ? Il y a dans son étendue quatre Chapelles domestiques, mais l'église paroissiale n'est qu'une chaumiere à leur égard.

Second abus, la pauvreté du culte divin. L'autel, les ornemens, les cérémonies, l'office tout porte l'image de la pauvreté, point de lampe ardente, pas un petit Clerc pour aider l'Officiant; bien au contraire le Chapitre n'a pas craint de supprimer le Vicaire de ladite succursale; de sorte que l'insuffisance du seul Curé acheve de rendre la célébration des saints offices insipide & peu propre à toucher l'ame & élever les sentimens des paroissiens. Par là le culte public dans cette paroisse ne rapporte pas à la Religion les fruits salutaires qu'elle en attend.

Troisieme abus, les charges des habitans, le pasteur, les pauvres, les bâtimens nécessaires au service font trois partages des revenus du patrimoine de l'église paroissiale. C'est un droit de propriété qui tient à la source du bonheur public, dont la justice, la Religion, le besoin des peuples à qui l'éducation religieuse est si nécessaire pour la paix intestine & le repos civil, font une cause suprême & inviolable dont aucune autorité humaine n'a pu ni ne peut pervertir l'emploi sans devenir l'ennemi du bien public. Néanmoins les habitans se sont trouvés chargés de suppléer par le casuel à la modicité de la portion congrue *qui ne pouvoit suffire* à l'entretien des bâtimens & à la nourriture des pauvres; un fait tout récent montrera l'iniquité & la force de l'abus. Antoine Montessieux, né le 23 Novembre 1788, le quatrieme orphelin délaissé par le décès de Jean, potier de terre, le 13 Janvier dernier, & de Susanne Poisat sa femme le 18 du même mois, fut présenté à l'hôpital de Vienne, qui perçoit une dime pacifiée au mas de chez Munier: refus absolu & réitéré du Recteur qui renvoie à imposer la paroisse *ad hoc*. Le procureur des pauvres de Jumens lui représentoit la pauvreté de la paroisse déjà très en peine de payer les charges royales; le droit des pauvres du lieu au moins à la 24e. de cette dîme pour être appliquée à leurs plus pressans besoins. Tout fut inutile, l'on n'eut que cette haute réponse, *l'hôpital soutiendra ses droits*. Quelle justice, quelle charité dans une maison qui la professe! enfin le nourrisson a resté à la charge de la paroisse, outre les trois autres ses freres, dont le plus âgé de 8 à 9 ans; l'humanité en rougit pendant que le Chapitre jouit à sa part de 6000 liv. les Abbés & Abbesses de la ville de Vienne d'autres 14000 liv. de revenus annuels. Cette riche masse au lieu d'être la ressource des indigens de la paroisse, l'épuise & met le comble à leurs miseres.

Premier forfait & grief, la suppression par le Chapitre sans cause & sans forme du Vicaire dans l'église paroissiale de Jumens, (isle bornée par la Gere & la Vesonne du nord & la Suze du midi, trois rivieres fréquemment débordées) malgré la nécessité, l'urgence du péril des ames, les réclamations persistantes des Curés prédécesseurs & paroissiens fondées sur les accidens funestes: les uns noyés sous les planches, les autres mourant sans prêtre & sans consolation; leurs cadavres restant plusieurs jours sans sépulture même quelquefois submergés dans la traversée des eaux; tout récemment le surnommé Jean Montessieux est mort privé de tous secours

& son corps n'a dû sa sépulture le troisieme jour de son décès, qu'à l'écoulement plus facile des eaux débordées de la Suze. Peu s'en fallut que sa femme ne subît le même sort.

Second forfait, la démolition jusqu'aux fondemens de ladite église de Saint-Martin en 1785, nonobstant les poursuites du procès. En 1787, le transport dans les terres du domaine des ossemens avec le sol de la nef & du cimetiere, le tout pour effacer toutes traces d'église. La Cour invoquée foudroya la témérité du Chapitre.

Troisieme forfait, l'empêchement de tout genre que le Chapitre a apporté à l'exécution du décret de Monseigneur l'Archevêque, dont la procédure qu'aucune cause ne devoit retarder, reste suspendue depuis son ajournement du 20 juin 1785 par l'oppression du Chapitre qui cause en tout genre la ruine des habitans, celle de leur fortune par de longs frais multipliés à desseins; de leurs corps par les fatigues & les dangers continuels dans le trajet des rivieres pour arriver aux offices; de leurs ames par la privation des Sacremens, &c.

Quatrieme grief, par surcroît le Chapitre est l'un des plus forts reluttans aux réparations urgentes à faire à l'église & au presbytere d'Extrablin. Des Assemblées tenues *ad hoc*, n'ont pas eu plus de succès que la premiere. Deux ordonnances en cours de visite, l'une le 10 Septembre 1778, l'autre le 6 Mai 1788 n'ont pas été plus efficaces. Tant sur la forme que sur le fonds le vœu des habitans a toujours été contesté. Ce retard augmente de jour en jour les dégradations & les frais à la charge des habitans déjà ruinés par ceux du procès. Ce n'est pas d'aujourd'hui que le Chapitre relutte. En 1655 le Sanctuaire menaçoit d'entraîner dans sa ruine imminente une partie de la nef; les habitans se pourvurent pardevant M. le Vibailli de Vienne, & resterent trois ans pour obtenir la saisie des revenus de l'Abbaye entre les mains du fermier Jean Rabatet, le tout pour un pilier d'appui de 60 liv. depuis lors jusqu'en 1781, que le Chapitre répara la partie la plus caduque, il n'avoit pas dépensé un sou tant le toit, le lambris, & les murs étoient délabrés.

Il est donc très-instant d'arrêter le mal dans sa cause, il est tems d'exterminer de si grands abus, d'obliger le Chapitre à réparer des griefs si iniques qui sont autant de preuves du plus arrogant despotisme sur les habitans qui soupirent après leur prochaine délivrance.

Les délibérans ont reconnu que la source de tous leurs maux est la possession immémoriale du chapitre très-injuste pour avoir été dénaturée de son origine & de sa fin & mere corrompue de l'inutilité de ses membres. Que l'unique remede est de ramener l'application des 20000 liv. de revenus ecclésiastiques de cette paroisse à leur juste destination, conformément au titre original qui n'admet que les pauvres du lieu, l'église & son pasteur acquittant sa charge; titre trop long-temps violé.

Délibéré de supplier les Etats-généraux de disposer desdits biens ainsi que ci-dessus; Conféquemment de remettre l'administration de la dîme & autres revenus du patrimoine de cette église entre meilleures mains, les plus légitimes de droit seront auffi les meilleures pour l'emploi en être fait, tant à fournir l'honnête subſiſtance du vicaire ou prêtre fuccurfal de l'église de faint Martin de Jumens que les frais de reconftruction de ladite église démolie en 1785 par le Chapitre obligé fans doute à réparer le dommage caufé aux habitans & à reſtituer les frais ruineux du procès qu'il a fufcité à la paroiffe, contre tous principes de juſtice & de religion. Comme auffi les frais de réparation urgentes de la mere église d'Extrablin & de fon presbytere & fur-tout le foulagement des pauvres. Le tout à défaut des biens fonciers du Chapitre à prendre fur tous autres biens religieux fis dans cette paroiffe.

Délibéré d'envoyer à la Commiffion intermédiaire féante à Grenoble des extraits du préfent, avec priere de faire parvenir l'un auxdits Etats.

Délibéré d'en faire tirer 300 exemplaires d'impreffion.

Pour l'accompliffement de quoi donné pouvoir & charge de ce faire à fieur Ennemond Bruyere bourgeois, Jofeph Ronjat, Marguillier, Antoine Coche, Procureur des pauvres de Jumens, Benoît & Jean Rigolier pere & fils, Jean Martin, Benoît Traynard. Ces derniers déjà députés dans le procès pour le rétabliffement du prêtre fucurfal.... les préfens faifant pour les abfens, ainfi délibéré ledit jour

& an dont acte. Ont soussigné ceux qui ont su avec nous Joseph Ronjat, Marguillier & Antoine Anestays, notre Greffier commis. Ainsi à l'original, Gounon, Bruyere, Rigard, Bousset, Durand, Colion, Frutton, Coche, Coche, Rigollier, Jullien Mayoud, Mayoud, Coron, Bernard, Ronjat, Marguiller, Anestays, Greffier commis.

Contrôlé à Vienne, ce premier Octobre 1789. Reçu 15 sous du Greffier, LABORIER.

*Extrait collationné sur son original au requis des Députés,* ANESTAYS, *Greffier commis.*

## REQUÊTE A LA COUR.

*Supplie humblement le sieur Syndic du Chapitre de Saint-Pierre & Saint-Chef de la Ville de Vienne.*

DISANT que le Chapitre est Prieur d'un assez grand nombre de paroisses de cette Province, où il a le droit de percevoir les dîmes, & que ce droit lui est assuré par des titres positifs, ou par la possession immémoriale.

Quoique le Chapitre fasse acquitter exactement toutes les obligations auxquelles il est tenu en sa qualité de Prieur, quoique les fermiers n'aient jamais excédé les droits du Chapitre dans la perception de la dîme, on les menace cependant de toutes parts du refus de la payer sur les récoltes qui vont se percevoir.

Si la justice toléroit un moment cette insubordination, tout seroit perdu ; bientôt aucune propriété ne seroit respectée, & bientôt il seroit impossible d'exiger ni dîme, ni droits seigneuriaux.

Cependant ce sont là des droits sacrés, les uns sont le juste patrimoine des Ministres des Autels, & les autres sont la juste redevance stipulée lors de l'abandon des terres que les anciens Seigneurs firent à leurs vassaux.

Il est instant d'arrêter ce mal dans sa source, & dans ces tems de crises, rien ne seroit plus dangereux que de tolérer de semblables abus.

A ces causes plaise à la Cour, Nosseigneurs, ordonner & enjoindre à tous les habitans des paroisses, *celle d'Extrablin* où le Chapitre de Saint-Pierre & Saint-Chef est en droit de percevoir les dîmes, d'en faire le paiement à l'avenir... à peine d'être poursuivi comme perturbateurs du repos public, permettre au suppliant de faire imprimer, publier & afficher la présente.....

LAMEYRIE, *Syndic & Député*.

Sont octroyées les injonctions....

D'ORMACIEUX.

# ERRATA.

Page 2, ligne 17, menacé de toutes parts : *lisez*, menacé de toutes parts du refus de payer la dîme sur la récolte présente.

Page 12, ligne 28, Des Assemblées, *lisez*, Dix Assemblées.

Page 13, ligne 28, à leur juste destination, conformément, *lisez*, à leur juste destination, les uns conformément.

*Ibid*, ligne 31, titre trop long-temps violé. *lisez*, titre trop long-temps violé ; les autres, selon les saines maximes de l'évangile, source suprême de vérité & de justice.

49

www.ingramcontent.com/pod-product-compliance
Lightning Source LLC
Chambersburg PA
CBHW070454080426
42451CB00025B/2737

www.ingramcontent.com/pod-product-compliance
Lightning Source LLC
Chambersburg PA
CBHW070454080426
42451CB00025B/2737